Les petits Foot Maniacs

Christophe CAZENOVE, auteur

© P. Lepicouché

Né à Martigues, en 1969.

Comme tous les gamins, il rêve de devenir pompier, pâtissier-cascadeur ou plongeur-routier, en fonction des films qu'il voit. Il pense même devenir auteur de BD sans trop savoir si cela est vraiment un métier. C'est en répondant à une de ses lettres de fan que Greg, le papa d'Achille Talon, lui donne l'envie de faire lui aussi des « petits miquets ».

Ses études littéraires le conduisent à travailler douze ans... dans une grande surface ! Jusqu'à ce que l'un de ses projets retienne l'attention de Bamboo Édition.

À partir de là, il collabore régulièrement aux séries ***Les Gendarmes*** et ***Les Footmaniacs*** et scénarise seul les séries à succès ***Les Pompiers, Les Sisters*** ou ***Les Petits Mythos.***

Le courrier de Greg figure toujours en bonne place sur le mur de son bureau.

Olivier SAIVE, dessinateur

© L. Mélikian

Né à Rocourt, en Belgique, en 1963.

Il a toujours aimé le dessin et après un passage éclair d'une semaine à l'école Saint-Luc, il se lance dans le métier. Il passe quelques temps en apprentissage chez Stéphan Colman puis édite, en 1984, son premier album *Virage*.

Après un intermède où il se consacre à la réalisation de génériques TV et d'illustrations publicitaires, il revient vers la bande dessinée. Il entre chez Marsu Prod où il reprend les aventures de Chaminou durant quatre albums. Il alterne les projets personnels *(Saive qui peut !)* et les entreprises de grande envergure (l'adaptation en dessin animé du Marsupilami).

Chez Bamboo, il reprend la série ***Les Footmaniacs*** et participe à l'aventure des Fondus avec ***Les Fondus du portable*** et ***Les Fondus de la cuisine.***

Les Petits Foot Maniacs

MES PLUS BEAUX GESTES

Texte
Christophe Cazenove

Dessins
Olivier Saive

Couleurs
David Lunven

BAMBOO POCHE

Quelques joueurs des

Jean-Pierre

Gencive

Capuche

U11 du FC Palajoy

Émilie

Péchon

Biscotte

Une série créée par
Jenfèvre & Sulpice

www.bamboo.fr

116, rue des Jonchères – BP 3
71012 CHARNAY-lès-MÂCON cedex
tél. 03 85 34 99 09 – fax 03 85 34 47 55
Site Web : www.bamboo.fr
E-mail : bamboo@bamboo.fr

Si je suis le goal du FC Palajoy, ce n'est pas parce que je suis plus agile que mes copains ou parce que j'ai plus de réflexes qu'eux. Ce n'est pas non plus parce que j'avais déjà tout le matériel nécessaire : une paire de gants en cuir et une casquette aux couleurs du club. Non.

La vraie raison est que le coach a toujours trouvé que j'étais le plus mauvais joueur de toute l'équipe. Alors il m'a collé dans les cages pour être certain que je ne ferai pas trop de bêtises sur le terrain.

Mais moi je sais que même le gardien de but peut réussir des gestes techniques de folie ! Bon, je ne vais pas prétendre que c'est toujours calculé et contrôlé, mais parfois ça arrive.

Ce sont ces performances, mes plus incroyables depuis que je joue au Palajoy, que je vais maintenant vous raconter.

Vous allez voir si les goals ne savent pas jouer !

La bicyclette

Un rond pour la tête, deux traits pour le corps et les jambes, voilà comment le coach représente un joueur sur son schéma tactique.

Toute l'équipe du FC Palajoy est réunie le long de la ligne de touche autour du tableau blanc rempli de flèches, de courbes et de bonshommes tracés au marqueur.

— Vous dessinez trop bien, coach ! remarque Capuche, admiratif.

— Lèche-crampon, rétorque à voix basse Jean-Pierre. Pas de doute, Capuche n'a jamais dû ouvrir une bande dessinée de sa vie s'il pense que ces gribouillis sont de jolis dessins.

Cependant, Jean-Pierre, comme ses équipiers, est carrément fasciné par ce que leur explique leur entraîneur.

— Comme je vous le disais, explique celui-ci, la bicyclette est LE geste technique qui vous fera entrer dans l'histoire du football. Mais si c'était si facile à réaliser, il y en aurait des dizaines par match… Or, c'est loin d'être le cas.

Le coach apprécie ces moments – si rares – où il bénéficie de l'attention maximale de

ses joueurs. Au quotidien, il ressent leurs bâillements lorsqu'il parle des règles de l'arbitrage. Il perçoit leur profond ennui quand il s'agit d'expliquer les hors-jeu. Et il entend nettement leurs ronflements lorsqu'il évoque les coups francs indirects. Mais parler de la bicyclette, c'est le succès garanti.

— Mais comment est-ce qu'on la fait ?

— Ça fait mal quand on retombe ?

— C'est comme une cabriole, c'est ça ?

Les questions fusent, car chacun rêve de coller une bicyclette en pleine lucarne lors du match de dimanche contre l'équipe de Daube-les-Bains. Même Jean-Pierre.

— T'es le goal, toi, lui fait remarquer Capuche, ça te sert à rien d'apprendre à faire ça !

Pourtant même les goals meurent d'envie de marquer des buts.

— La bicyclette, ou coup de pied retourné, reprend le coach, n'a de vraie chance de réussir que si elle est effectuée dans la sur-

face de réparation adverse. Cependant il ne suffit pas de se jeter en l'air et de tendre le pied pour y arriver.

Les mines défaites de Gencive, Capuche et Jean Pierre montrent qu'ils pensaient que cela suffirait largement. Le coach explique que plusieurs éléments entrent en ligne de compte pour accomplir en beauté ce geste technique : la trajectoire du ballon, sa vitesse, celle du vent, sa propre position par rapport aux cages, etc.

Si ces éléments sont réunis, alors il n'y a pas de raison pour que votre bicyclette déraille, s'esclaffe-t-il, toujours le premier à s'amuser de ses propres jeux de mots.

— Vous nous montrez, coach ? demande Gencive.

— Oh oui, renchérit Capuche ! Faites-nous un retourné ! J'en ai jamais vu en vrai !

Le coach fait d'abord mine d'hésiter, il prétexte qu'il n'a pas le temps car le programme de l'après-midi est très chargé. Mais bien vite l'envie de leur en mettre plein les yeux est la plus forte.

— Bon, mais juste une fois, précise-t-il en se mettant en position.

Sous les yeux admiratifs de ses joueurs, il jette le ballon en l'air. Or ce qui suit ressemble plus à une glissade sur plaque de verglas qu'à un coup de pied retourné. Le coach se retrouve en l'air, la tête en bas et les pieds au ciel. Ses bras moulinent dans le vide et sa bouche s'ouvre pour laisser échapper un cri de surprise, puis un autre de douleur lorsqu'il retombe lourdement sur le dos. Jean-Pierre pense même entendre craquer quelques vertèbres. Quant au ballon, il n'est pas inquiété une seule seconde. Il tournoie quelques instants avant de rebondir sur l'herbe et de rouler doucement sous le banc de touche.

— Pourtant le coach a dû faire des tonnes de bicyclettes quand il jouait au FC Palajoy, s'étonne Capuche.

— J'ai vu dès le départ qu'il s'y prenait mal, analyse Gencive. Il a sauté beaucoup trop tôt.

— Comment tu aurais fait, toi ? demande Jean-Pierre alors que tous trois longent le terrain vague voisin du stade de foot.

L'entraînement s'est terminé plus tôt que prévu, lorsque le coach est parti en boitant vers son vestiaire, une main plaquée sur ses reins, en faisant la grimace.

— Facile, je vais vous montrer ! réplique Gencive très sûr de lui, qui cale le ballon sous son bras avant d'enjamber le muret menant au terrain vague. Le secret, c'est qu'il faut sauter dès que le ballon retombe. Pas avant, sinon c'est la gamelle assurée.

Prudent, il écarte du pied les cailloux pointus avant de se mettre en position.

Le ballon s'élève mais Gencive saute un peu trop tard et son pied tape dans le vide.

Le geste est beau, mais loin d'être efficace. Dans le genre gamelle, elle vaut bien celle du coach.

— Ouais, ben c'est pas comme ça que tu vas entrer dans l'histoire du football, se marre Capuche.

Hélas pour celui-là, son propre essai est encore plus ridicule. Si son saut est parfait, il a envoyé le ballon beaucoup trop loin en arrière.

— Avec une jambe de trois mètres de long ça aurait pu marcher, se poile Jean-Pierre.

— Parce que tu crois que tu peux faire mieux ? réplique Capuche, vexé, en tendant le ballon à son gardien de but.

— Si les goals savaient jouer au foot, ça se saurait ! lâche Gencive, cynique.

Jean-Pierre sait que ses équipiers ont raison. Il n'est pas, et de loin, le meilleur joueur de l'équipe. C'est certainement pourquoi le coach l'a collé dans les cages. Cependant il a vu tant et tant de fois à la télé ses joueurs

préférés accomplir les gestes techniques qui le font rêver qu'il se sent parfois étrangement capable de les réussir lui aussi.

Défi relevé. Il prend le ballon, le jette en l'air, puis compte sur sa bonne étoile pour que tout se déroule comme dans ses rêves les plus fous.

Shoot !

Capuche et Gencive en ont la mâchoire qui tombe, à deux doigts de se décrocher. Le geste de leur goal est techniquement nickel. Incroyablement précis. Tapé au

moment idéal, le ballon part comme une fusée. Chacun l'imagine filer directement en pleine lucarne si, au lieu de se trouver sur un terrain vague, Jean-Pierre avait effectué son retourné dans une surface de réparation.

Il n'en revient pas lui-même. Il en aurait hurlé de joie. Mais son attention est retenue par un fracas métallique juste derrière lui.

Il se retourne et voit le facteur, celui de son quartier, se relever en titubant. Son vélo est couché par terre et la roue avant, bien que voilée, continue de tourner en grinçant.

— Alors là, t'as vraiment fait fort, ricane Gencive, tandis que tous trois détalent sous les injures du pauvre facteur qui se croit victime d'un attentat. Le retourné ET le vélo du facteur en même temps…

— Carrément ! confirme Capuche, c'est super rare de réussir une double bicyclette, ah, ah, ah !

Les hasards de la patate

« Ce coup-ci ils vont m'en placer un dans la lucarne ! » se dit Jean-Pierre alors que l'attaquant de l'Olympic d'Alumay-Paléfeu mène une nouvelle offensive.

Les adversaires du FC Palajoy s'engouffrent dans la surface de réparation pour la quatrième fois d'affilée. Jean-Pierre commence sérieusement à regretter d'être gardien de but ! Dans ces cas-là, on se dit qu'être simple spectateur, ça a du bon !

Tout a commencé par un tir brossé sur le poteau, suivi d'un autre écarté de la tête par Émilie, la défenseur du Palajoy. Puis

Jean-Pierre a repoussé un coup franc du plat de la main. Quel rythme ! Pas le temps de souffler !

« De toute façon, on n'a jamais réussi à les battre », se console Jean-Pierre, qui enfonce ses doigts dans ses épais gants en cuir, prêt à subir un nouvel assaut.

Ce qui l'agace le plus est que son équipe est carrément incapable de construire une action dans l'autre moitié du terrain. Ils sont bel et bien dominés !

La solution, inattendue, lui est apportée par une voix que Jean-Pierre connaît bien. Celle de son papa, Marcel, président mais surtout supporter numéro un du FC Palajoy. Un pilier du club !

Il s'agit plus d'un hurlement que d'une voix. Un cri rauque, surpuissant, qui vient directement des bancs des supporters vêtus en jaune et orange, et qui répète en boucle le même mot.

— Dégage ! Dégage ! hurle Marcel, les mains placées en porte-voix devant sa bouche.

Et justement, un tir loupé de Blokeen, ce diable d'avant-centre des Alumay, permet à Jean-Pierre de mettre en application cette nouvelle stratégie.

Après tout son père doit en connaître un rayon, lui qui a vu des millions de matches

de foot à la télé et qui en a commenté encore plus à la buvette avec ses copains. Alors, s'il lui dit qu'il faut dégager, c'est qu'il faut dégager, y a pas à tortiller ! Trois pas d'élan, on lâche le ballon et on frappe de toutes ses forces.

Hélas, la balle tombe directement en touche et regagne bien trop vite le camp des Alumay. Pas grave, Jean-Pierre sera plus précis le coup d'après. L'important est ce sentiment que relancer le jeu de cette façon est une vraie bonne idée.

— Dégage ! Dégage ! continue de l'encourager son père.

Le goal du FC Palajoy ne s'en prive pas. Aussitôt le ballon récupéré, Jean-Pierre l'expédie illico presto de l'autre côté du terrain. Pas en touche cette fois-ci mais pile sur le crâne de son attaquant Capuche, qui passera le reste de la journée avec une énorme migraine.

L'ailier des Alumay intercepte le ballon, remonte le terrain et traverse la défense du Palajoy aussi facilement qu'un couteau dans du beurre posé sur un radiateur.

L’arbitre, qui n’est autre que le papa d’Émilie, s’écarte mollement pour ne pas gêner l’action.

Le père d’Émilie n’aime pas courir, son gros ventre ne l’aidant pas dans cette tâche, mais il est clair qu’il n’aime pas non plus utiliser son sifflet ! Et pourtant il en a de nouveau l’occasion. L’attaquant numéro un des Alumay bouscule Willie et Biscotte, l’un après l’autre, les faisant tomber comme des quilles au bowling. Et cela, juste sous le nez de l’arbitre ! Le déchaînement dans les rangs des supporters du Palajoy est total. La moitié d'entre eux réclame un carton rouge, et même une expulsion à vie. Certains supporters sont parfois excessifs…

C'est à Jean-Pierre maintenant d'assurer dans ses cages pour ne pas encaisser le but que les Alumay finiront par marquer.

Il se couche sur le côté et bloque la balle sur la ligne blanche. Sans le vouloir il attrape aussi la chaussure de Blokeen qui est partie en même temps que le ballon.

— Dégage ! Mais dégaaage donc ! continue de s'égosiller son père.

Ni une ni deux, Jean-Pierre shoote et voit le ballon faire son premier rebond dans le rond central.

Nouvelle récupération des Alumay. Attaque éclair. Tir… et nouvel arrêt du gardien du Palajoy.

Le rythme ne faiblit pas !

— Dégage ! Dégage ! Dégage !

Cette fois-ci, Biscotte récupère le ballon d'un joli amorti de la poitrine mais, avant même d'avoir eu le temps d'effectuer un dribble, il se fait « envoler » par Lidy, la défenseur des Alumay. Bâtie comme un première ligne de rugby, sa spécialité est de distribuer de terribles coups d'épaule. Évidemment, aucun garçon ne réclame de coup franc, c'est déjà assez la honte de se faire démonter par une fille… D'autant que l'arbitre, trop occupé à renouer les lacets de ses chaussures, ne voit rien une fois encore.

Trop lourde pour dribbler efficacement, Lidy passe à son capitaine Blokeen qui, seul, conduit cette nouvelle attaque. Il efface toute la défense du Palajoy puis balance une patate d'une distance de 15 mètres dans le ventre de Jean-Pierre qui en a le souffle coupé.

— Dégage ! Dégage !!! hurle Marcel dont la voix commence à s'érailler.

Jean-Pierre continue de l'écouter. Tout d'abord parce qu'il ne sait pas quoi faire d'autre pour éloigner les Alumay de sa surface de réparation, et puis parce que son père semble être réellement convaincu que c'est la seule stratégie valable.

Ce dégagement est sans conteste le plus beau de tous ceux qu'il a déjà pu faire.

Suffisamment puissant pour retomber bien au-delà du rond central, et assez précis pour que le premier rebond se fasse juste devant la ligne des défenseurs.

Si Jean-Pierre avait voulu le faire exprès, il n'y serait jamais parvenu. La balle retombe

pile sur une motte de terre et rebondit de travers, suivant une trajectoire tout à fait inattendue.

Le goal des Alumay fait un pas en avant, deux en arrière, un sur le côté. Il est battu ! Impuissant, il voit le ballon passer au-dessus de sa tête en un lob parfait, avant de rebondir une seconde fois et de rouler tout droit dans ses filets.

Un but splendide, marqué de l'autre bout du terrain ! Une vraie performance !

Jean-Pierre ne réalise pas tout de suite qu'il vient de signer un des plus beaux gestes de la saison. Lui, tout seul, depuis ses cages, cela grâce aux conseils avisés de son père qui a aussitôt dégainé sa corne de brume.

— BUUUT ! hurle-t-il en sautant sur place et en embrassant ses voisins supporters.

Les cris redoublent lorsque l'arbitre siffle la fin de la rencontre. Un à zéro pour le FC Palajoy qui met ainsi un terme à la domination écrasante des Alumay.

Embrassé, porté, salué par ses équipiers, Jean-Pierre se dégage assez vite de ces étreintes pour aller trouver son père déjà en train de refaire le match à la buvette du club.

— Heureusement que tu m'as aidé, papa, reconnaît Jean-Pierre en se serrant contre son ventre rebondi. J'ai bien fait de t'écouter !

— De quoi est-ce que tu parles ? s'interroge Marcel en reposant sa canette vide sur le comptoir en bois.

— De ta tactique du dégagement ! Ça a marché ! Ça valait la peine de me répéter « dégage dégage » tout au long du match.

Marcel pose sur son fils un regard vide avant de se pencher vers lui et de souffler à son oreille :

— Ce n'était pas à toi que je m'adressais, Jean-Pierre, mais à l'arbitre. Ce type est vraiment nul.

Goal, mais pas que...

« Pfouh, ce que c'est grand... », se dit Jean-Pierre en jetant un œil autour de lui.

En tant que gardien de but officiel du FC Palajoy, Jean-Pierre est habitué à son petit territoire. Autrement dit la zone qui va d'un poteau jusqu'à l'autre puis qui s'étend jusqu'aux limites de la surface de réparation. Au-delà, cela ne relève pas de ses compétences et c'est très bien comme ça.

Mais lorsque ce matin le coach lui a annoncé qu'il allait jouer défenseur dans le match contre les Tomatos de l'Olympic Lacogne, Jean-Pierre a cru qu'on lui faisait une blague.

— Mais pourquoi ça, coach ? C'est pas Émilie qui devait être en défense aujourd'hui ?

— Elle est coincée au lit avec la grippe, a répondu l'entraîneur.

— Il y a plein d'autres copains qui peuvent prendre sa place, a poursuivi Jean-Pierre, pas du tout enthousiaste à l'idée de changer de poste.

— Je le croyais aussi mais en fait non, a répliqué le coach. Willie est parti voir sa tante qui participe au concours des Super

Mamys. Quant à Biscotte, son père a téléphoné pour dire qu'il avait troué toutes ses paires de baskets et qu'il devait aller lui en acheter des neuves. Mais je suis sûr que ce sont des mensonges. À mon avis, ils vont plutôt passer la journée devant la télé à regarder la rediffusion de la coupe du monde de 1998 avec un gros saladier de popcorn sur le ventre.

— Et Gencive ? Et Christeline ? a insisté Jean-Pierre, suivant de près le coach qui se dirigeait vers les vestiaires.

— Pas là non plus ! Le premier a une rage de dents et tu sais que la seconde se débrouille toujours pour ne pas venir quand le temps est à l'averse.

N'empêche, en attendant, c'est lui qui se retrouve au poste de défenseur à devoir gérer un territoire qui lui semble aussi étendu que le Canada !

— Ça veut dire qu'il n'y aura personne dans les buts ? s'est inquiété Jean-Pierre.

— Bien sûr que si ! C'est Clic Cloc qui s'y colle.

Jean-Pierre est resté pensif un instant, essayant de comprendre la logique du raisonnement du coach.

— Dans ce cas, pourquoi est-ce que vous ne mettez pas Clic Cloc en défense ?

— Parce qu'il est nul ! a simplement répondu l'entraîneur.

En effet, c'est le premier des deux problèmes de Clic Cloc. Le second est qu'à chaque fois qu'il tape dans le ballon son genou produit un bruit d'os qui claque, d'où le surnom dont il a été affublé.

Et voici comment Jean-Pierre se retrouve hors de sa surface de réparation, à devoir défendre l'accès aux cages gardées par le goal le plus nul qu'ait jamais connu son équipe.

Inutile de dire que, lorsque le coup d'envoi est donné, Jean-Pierre n'en mène pas large. S'il y a une chose qu'il déteste par-dessus tout, c'est de voir gagner les Tomatos. Ceux-là se sentent tout le temps obligés de les ridiculiser et de les faire tourner en

bourrique. Or, avec l'équipe proposée par le Palajoy, il n'y a guère d'illusions à se faire sur le score du match. Encore une rencontre qui va se solder par un quinze à zéro, au minimum !

« Au Palajoy, on n'est pas là pour faire blabla ! »

Cette devise ancestrale du club que son père lui répète aussi souvent qu'il le peut, s'impose à l'esprit de Jean-Pierre en ce début de match. Elle prend tout son sens.

Car même si l'on est donné perdant, même s'il est clair que l'on a aucune chance de gagner, on reste des teignes jusqu'au bout. Aujourd'hui, au cours de cette rencontre, l'empêcheur de tourner en rond, ce sera lui !

Mais il n'a même pas le temps d'élaborer une stratégie que déjà survient la première attaque.

Elle est conduite par Rando. Cette grande tige a marqué plus de buts que tous les joueurs du Palajoy réunis et il semble bien

décidé à confirmer son record. Il progresse sur le terrain à coups de passes en une-deux avec Bambi, la gazelle de l'Olympic Lacogne. Leur jeu bien rodé efface les pauvres Palajoyens impuissants, pas au niveau, et ce jusqu'à ce qu'ils arrivent dans le nouveau territoire de Jean-Pierre.

Tendu comme un arc, celui-ci est bien décidé à tenir jusqu'au bout son rôle de défenseur. Il se tourne vers Bambi dont le ballon semble coller aux pieds. Il la laisse venir à lui, trépignant sur place, impatient de l'humilier en lui reprenant la balle.

C'est exactement à ce moment-là qu'elle sert Rando en profondeur. Pris à contre-pied, Jean-Pierre s'apprête à bloquer la gazelle sur sa gauche alors que le ballon le frôle sur sa droite.

Rando accélère le pas et récupère la balle, doublant Jean-Pierre qui s'est fait avoir comme un bleu. Rando franchit la limite de la surface de réparation et fonce tout droit vers le goal.

Clairement, Clic Cloc sent le danger car il reste paralysé, son visage à l'abri derrière ses mains gantées.

Entre les « clic cloc » de ses genoux et les « clac clac » produits par ses dents qui s'entrechoquent, ses cages sont les plus musicales de tout le championnat.

Arrivé au point de pénalty, Rando arme son tir. Sa jambe droite se tend vers l'ar-

rière comme un élastique. Le shoot est fracassant.

Le ballon part comme un boulet de canon. Destination, la lucarne. Mais au grand étonnement de Clic Cloc, rien ne vient défoncer les filets du FC Palajoy. Revenu à la vitesse de la lumière, Jean-Pierre réussit l'exploit qu'il escomptait. D'un geste technique époustouflant il intercepte le ballon sous

le regard incrédule de Rando. Une intervention aussi magnifique qu'inattendue.

Magnifique car il fait preuve sur ce coup-là d'une détente exceptionnelle, dont personne dans le stade ne l'aurait pensé capable. Inattendue car c'est avec les mains qu'il attrape le ballon ! Un arrêt extraordinaire ! Le plus beau qu'il ait jamais réussi ! Un blocage comme on apprend aux gardiens de buts à en faire dans les centres de formation. Ah, là, là, quel dommage que

Jean-Pierre ne soit pas goal sur ce match et qu'en évitant à son équipe d'encaisser un premier but, il se prenne un carton rouge et oblige l'arbitre à accorder un pénalty aux Tomatos.

Privé de son défenseur et de son seul joueur compétent, le Palajoy va se prendre une leçon historique, c'est certain. Or, c'est le

sourire aux lèvres que Jean-Pierre regagne les vestiaires, car il est tout aussi certain d'une autre chose.

Il a vraiment l'âme d'un goal… même lorsqu'il n'est pas dans les cages.

Si ce n'est pas de la vocation, ça !

La grosse fève !

Nous avons tous connu des rencontres mollassonnes, soporifiques, sans enjeu ni implication. Les joueurs des deux équipes s'observent et attendent le coup de sifflet final en s'efforçant de transpirer le moins possible. Au FC Palajoy on a l'habitude de ce genre de situation, le club n'étant pas, et de loin, le plus ambitieux ni le plus capable de créer le spectacle.

Et parfois, un dimanche parmi tant d'autres, se produit ce que localement on appelle « la fève » !

Ayant la rareté de cette petite surprise dans un gâteau des rois, la fève désigne un match de football au cours duquel, sans raison apparente, l'ambiance est incroyablement tendue et électrique.

Si les joueurs n'avaient pas une dizaine d'années on pourrait les accuser d'avoir chacun vidé trois cafetières avant d'entrer sur le terrain.

De mémoire de Palajoyen, une fève s'est déjà produite il y a des années contre l'Olympic Lacogne, une autre plus récemment lors d'une finale contre les Macarons. Il faut désormais ajouter à cette courte liste le match opposant le FC Palajoy aux Mocassins de Chantilly-sur-Métartine.

Dès la première minute de jeu, Biscotte, attaquant palajoyen, oblige le goal adverse

à sauter comme un chat pour empêcher son tir de se transformer en but. Et ce n'est que la bande annonce de la rencontre !

L'action suivante se déroule dans la surface de réparation de Jean-Pierre qui repousse du genou ce tir puissant et imprévisible. Pas sûr qu'il l'ait fait exprès. Ses équipiers récupèrent le ballon et conduisent une contre-attaque éclair qui se termine par le premier but de la rencontre.

Évidemment, avec un rythme aussi soutenu, le score s'affole et, à quelques minutes du coup de sifflet final, il affiche un étonnant 9 à 8 avec un avantage pour les Mocassins. Du jamais vu !

La fatigue ne semble pas avoir d'effet sur les joueurs. Même le coach est étonné et sait d'ores et déjà qu'il faudra plusieurs semaines à ses joueurs pour récupérer de cette formidable dépense d'énergie. Autrement dit, il aura droit à pas mal de séances d'entraînement au ralenti et de rencontres du dimanche terriblement ennuyeuses.

Biscotte, notamment, crée la surprise. Surexcité, il court dans tous les sens et paraît occuper tous les postes. Dès qu'il passe la balle il lève les bras pour qu'on la lui renvoie sans plus attendre…

Il est sur toutes les attaques, visiblement guère comblé par les quatre buts qu'il a déjà inscrits. Aussi n'hésite-t-il pas lorsque la défense mocassinoise commet une erreur sous son nez. Il bondit sur le ballon, dribble le dernier défenseur et tire de toutes ses forces. Le goal n'a pas le temps de monter les mains assez haut. Le ballon le percute en pleine tête avant de finir sa course dans les filets.

Égalité ! C'est la folie dans le stade, même si la plupart des places sont libres. Personne ne savait qu'une fève aurait lieu aujourd'hui à Palajoy !

L'arbitre consulte sa montre. Il a le visage rougeaud et le souffle court. Il est en nage et garde sa main plaquée sur sa taille pour soulager un point de côté. Par expérience Jean-Pierre sait que lorsque l'arbitre est fatigué c'est qu'il ne reste plus que quelques minutes de match.

On peut ne pas aimer les Mocassins pour plusieurs raisons ! Ils n'ont pas un vrai esprit d'équipe et ils sont râleurs et mauvais joueurs. Ils n'hésitent pas à réclamer des fautes qui n'existent que dans leur ima-

gination et ils ont des maillots ridicules. Cependant il faut bien reconnaître qu'ils sont suffisamment vaillants pour ne jamais baisser les bras !

Aussi cette remise en jeu se fait-elle en accéléré dès le rond central.

En deux trois passes très précises les attaquants des Mocassins se retrouvent dans la surface de réparation palajoyenne. Ils n'ont qu'à coller un but pour dominer à nouveau,

et c'est à cause de ce qui suit que cette rencontre peut être qualifiée de « super fève » ! Car Jean-Pierre ne va pas repousser le ballon une fois, ni même deux.

Ce sont six attaques qu'il va subir, d'affilée ! À un rythme d'enfer. D'abord une reprise de volée pleine transversale qu'il écarte de ses deux poings. Le ballon est repris de la tête et vient rebondir sur le poteau. La défense palajoyenne en effervescence ne parvient

pas à dégager et un nouveau tir surpuissant vient directement rebondir sur les fesses de Willie. Il les gardera toutes rouges jusqu'au lendemain.

Les secondes défilent au chronomètre de l'arbitre qui se ferait plein d'amis palajoyens s'il sifflait dès à présent la fin de la rencontre. Or trois assauts aussi dangereux que les précédents se succèdent. Les poteaux résonnent aux oreilles de Jean-Pierre lorsque deux shoots successifs viennent s'y écraser. Il ne sait plus où donner de la tête. Son embut est rempli de cris, d'avertissements, d'ordres et de contrordres. C'est comme si tous les joueurs s'étaient rassemblés devant ses cages. Il s'attend à ce que l'arbitre siffle pour signaler un but d'une seconde à l'autre. Et puis il repère le ballon, enfin. Il lui arrive droit dessus et Jean-Pierre sait que s'il le repousse encore une fois il y aura forcément un joueur mocassin qui pourra le reprendre pour le coller dans ses filets.

Aussi assure-t-il son geste. Bloqué dans ses bras ramassés contre son ventre, le ballon est ENFIN arrêté ! Quelle performance de gardien de but ! Une succession de gestes techniques qui lui vaudront certainement le trophée de goal de l'année, au moins au niveau local !

« Qu'est-ce qu'il attend pour siffler la fin du match ? » se demande Jean-Pierre à propos de l'arbitre.

— Dégage ! Dégage ! lui hurlent ses coéquipiers.

C'est en effet la meilleure chose à faire. Obliger ses adversaires à courir pour donner le temps à l'arbitre de regarder de nouveau son chronomètre.

Dans un état second, aux limites de l'excitation, Jean-Pierre se débarrasse du ballon. Pas la peine de viser, l'objectif est juste de l'envoyer loin.

Hélas pour lui, il aurait mieux valu qu'il vise quand même un petit peu. Ouvrir les yeux aurait été plus utile. Car, tout désorienté, c'est directement au fond de ses cages que le pauvre Jean-Pierre envoie le ballon.

Et voilà comment à douze secondes de la fin d'un match historique le gardien de but du FC Palajoy permet à ses adversaires de remporter la victoire.

Ah ça, si ce match contre les Mocassins est une sacrée « fève », il est incontestable que Jean-Pierre, lui, est vraiment le roi !

Le virus du coup franc

Jamais personne n'a vu Biscotte faire une telle cascade. Un plongeon avec demi-pirouette et réception sur les fesses, suivi d'une double roulade sur l'herbe fraîche. Waow !

Même si la scène se passe assez loin de lui, Jean-Pierre, dans ses cages, n'a rien loupé de la faute commise par le défenseur du Sporting Pignolo.

Un tacle brutal qui s'est vite transformé en croche-pied imparable.

C'est encore une fois le papa d'Émilie qui fait l'arbitre. Comme d'habitude il n'a rien

vu de l'action. Il passe son temps à vérifier que les entraîneurs des deux équipes ne franchissent pas la ligne de touche ou que les supporters ne s'agitent pas trop sur les fragiles bancs en bois. Il s'assure aussi de ne pas louper le coup de sifflet final car, juste après le match, il court voir son jeu télévisé préféré. Mais il n'a rien vu du méchant tacle !

Dans les gradins les joueurs du FC Palajoy s'énervent. Marcel, le président-supporter-et-papa-de-Jean-Pierre menace de venir tirer les oreilles du fautif.

Même les joueurs de Pignolo savent que leur défenseur mérite un carton jaune, sinon rouge. Il l'obtient d'ailleurs sans tarder, l'arbitre s'étant décidé à intervenir. Au hasard – puisqu'il n'a rien vu – il désigne le point d'où sera tiré le coup franc direct.

Biscotte fait partie de ces gamins que ça ne dérange pas de prendre des gamelles, surtout lorsqu'elles sont spectaculaires et sans gravité. Ça fait rire les copains et ça impressionne les filles. Ce qui ne l'empêche

pas de protester haut et fort, ne serait-ce que pour le principe.

Jean-Pierre retourne sur sa ligne de but, comme le coach lui conseille de le faire à chaque fois que se prépare un coup franc. Une contre-attaque est si vite arrivée !

D'ordinaire, c'est Gencive qui tire les coups francs car le coach considère qu'il a le meilleur taux de réussite. Il lui arrive d'en cadrer un sur quinze tirés ! Sur toute la saison, ça en fait quand même deux ou trois ! En tous les cas, personne au club ne fait mieux que lui.

Or, Jean-Pierre remarque que Gencive consulte rapidement ses équipiers avant de trotter jusqu'au bord du terrain pour échanger quelques mots avec le coach.

— Attention à la ligne de touche, prévient l'arbitre en voyant l'entraîneur du Palajoy approcher de son joueur.

Hélas, Jean-Pierre est bien trop loin pour savoir de quoi ils parlent. C'est le lot de tous les goals, toujours mis à l'écart des importantes décisions.

Aussi quelle n'est pas sa surprise de voir l'entraîneur et tous ses copains de jeu se

tourner vers lui comme un seul homme. Gencive l'invite à venir les rejoindre d'un grand geste du bras. Intrigué et se demandant si l'arbitre va tolérer cette liberté par rapport au règlement, c'est en petite foulée que Jean-Pierre remonte tout le terrain.

— Tu peux le tirer, lui dit Gencive.

— Que… Co… Comment ça ? Tirer quoi ? bafouille Jean-Pierre.

— On sait très bien que tu es frustré de ne jamais pouvoir tirer les coups francs puisque tu es coincé dans tes cages, explique Biscotte, qui frotte ses genoux endoloris.

— Le coach aussi est d'accord, ajoute Gencive.

— Et puis considère que c'est le cadeau de toute l'équipe pour ton anniversaire ! termine Biscotte en lui donnant une tape sur l'épaule.

« Mais mon anniversaire n'est que dans six jours », manque de dire Jean-Pierre.

Il préfère se taire. Il s'en voudrait que ses copains changent d'avis en lui disant qu'il tirera son coup franc la semaine prochaine.

Jean-Pierre en est tout retourné, ses copains le connaissent vraiment très bien. Le coup franc est en effet son coup de pied arrêté favori, et il ne manque jamais de s'y entraîner sur le terrain vague en bas de chez lui, chaque soir en rentrant de l'école.

Avec son père Marcel, il a visionné en boucle tous les plus beaux exploits depuis que le football existe. Ils ont décortiqué chaque tir pour savoir ce qui différencie un coup franc banal d'un chef-d'œuvre d'anthologie. Jean-Pierre est incollable sur le sujet. Coup franc brossé, lobé, avec ou sans combinaison… Il y a tellement de possibilités !

— Allez, on se dépêche ! lance l'arbitre en tapant dans ses mains.

L'heure de son émission télé approche !

Lorsque Jean-Pierre installe le ballon il remarque que le ciel se couvre. Il lui semble même recevoir une goutte de pluie sur le crâne. Il va devoir prendre en compte cet élément au moment du shoot.

Curieusement il ne ressent aucun trac car ce coup franc ressemble étrangement à celui qu'il a tiré la veille, pour s'amuser, dans le jardin de sa coéquipière Émilie.

La même distance entre lui et les buts, et le mur des défenseurs situé de manière identique. Chez Émilie, c'étaient les poubelles qui tenaient le rôle des défenseurs, mais ce détail mis à part, Jean-Pierre ressent une curieuse impression de déjà-vu.

Il est d'autant plus rassuré que le tir qu'il a effectué alors, idéalement brossé sur le côté du ballon, l'a expédié directement dans les buts.

— Wouah ! Dommage que je ne l'aie pas filmé, celui-là ! s'était exclamée Émilie, épatée par la qualité du tir.

Jean-Pierre prend quelques pas d'élan tandis qu'un vent frais se lève. Les gouttes d'eau tombent plus nombreuses, en filet tout d'abord, puis en rideau et très rapidement en averse.

Mais c'est lorsque l'arbitre souffle dans son sifflet pour autoriser le tir du coup franc que tout se déchaîne. Un éclair déchire le ciel tandis que le tonnerre claque avec violence.

En quelques secondes c'est la débandade sur le terrain. Tout le monde, l'arbitre le premier, détale pour se mettre à l'abri. Les gouttes sont grosses comme des œufs de caille et le ciel émet un long grondement tandis que s'annonce une mini tempête.

— Ramène-toi, JP ! lance Gencive à son goal juste avant de disparaître dans l'entrée des vestiaires.

Jean-Pierre jette un œil autour de lui. Il est déjà tout seul ! Abandonné à son propre sort ! Équipiers et adversaires, coach, arbitre, et même le public… tout le monde a déguerpi pour s'abriter de l'orage qui se fait encore plus violent.

Quelle injustice !

Pour une fois qu'on lui donne l'occasion de tirer un coup franc, un vrai ! Avec un mur de joueurs à contourner et non pas un alignement de poubelles.

L'eau de pluie ruisselle sur son corps. Ses cheveux sont trempés et le terrain commence à se transformer en mare de boue.

Jean-Pierre se penche vers le ballon pour le ramasser avant de courir se mettre au sec avec le reste de l'équipe. Mais il hésite et garde la position quelques instants, immobile.

« Non, c'est aujourd'hui ou jamais ! » se dit-il. Ce moment est SON moment, et personne ne va le lui enlever, pas même un orage qui se rapproche du stade de foot de seconde en seconde. La foudre frappe une nouvelle fois et le tonnerre gronde si fort qu'on croirait que le ciel est en train d'exploser.

Jean-Pierre recule de quelques pas puis revient vers le ballon qu'il tape de toutes ses forces, sur le côté.

Brossé comme il faut, le ballon s'élève en tournoyant. Il évite le mur de défenseurs – en tout cas, il l'aurait évité s'ils n'étaient pas tous partis se mettre à l'abri – et il frôle

le poteau avant de déformer les filets du Sporting Pignolo.

Ce coup franc, il en est certain, est le plus beau qui ait été marqué par un joueur du FC Palajoy.

Jean-Pierre en saute de bonheur sur la pelouse transformée en énorme flaque de boue.

Alors que les éclairs se multiplient et que le vent se fait plus froid et vigoureux, il danse en rond, les bras levés, en criant à tue-tête. On croirait voir un sorcier indien effectuant la danse de la pluie !

Jean-Pierre vient de prouver à la terre entière qu'il sait comment tirer un coup franc brossé, et ce n'est pas rien !

Sans oublier, comme le lui fera remarquer sa mère, qu'il sait aussi comment attraper un gros rhume en quelques secondes...

LES FOOTMANIACS
C'EST AUSSI UNE SÉRIE
EN BANDE DESSINÉE !
J S & C
Saive
Les FOOT MANIACS
tome 11
J S & C - Saive
tome 11
BAMBOO
BAMBOO ÉDITION
Plus d'infos sur www.bamboo.fr

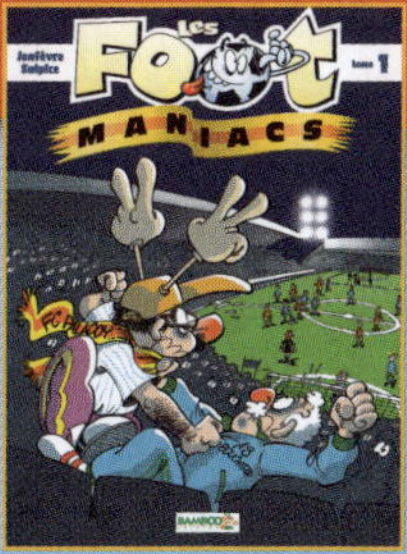

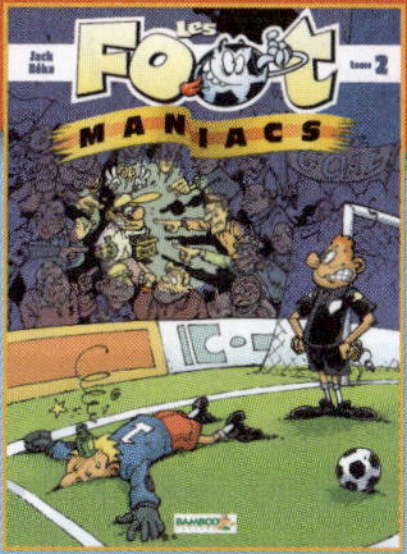

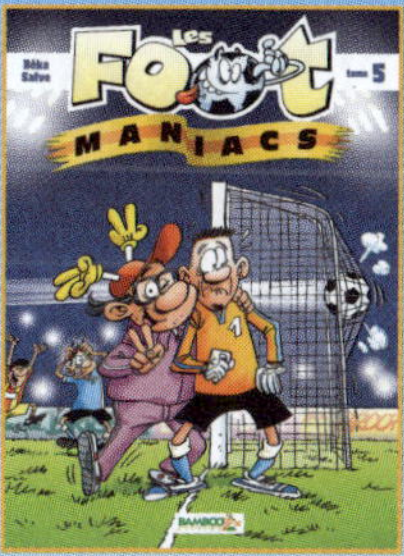

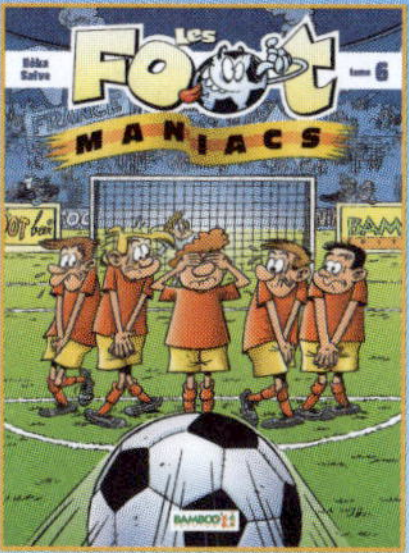

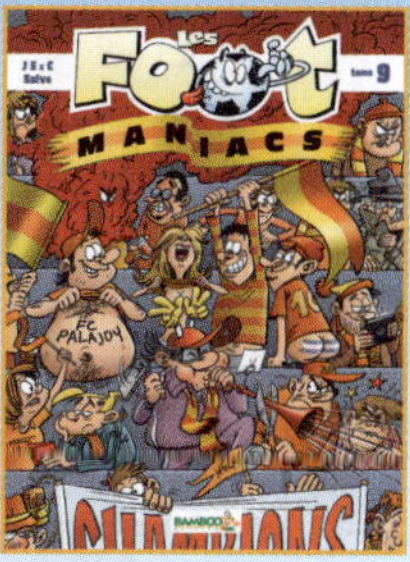

11 TOMES DÉJA DISPONIBLES EN LIBRAIRIES

ÉGALEMENT DISPONIBLES DANS LA MÊME COLLECTION

Imprimé en Italie, par Stige

PREMIÈRE ÉDITION
Dépôt légal : mai 2013

ISBN : 978-2-8189-2388-7

Loi n°49-956 du 16 juillet 1949
sur les publications destinées à la jeunesse